글 홍민정

중앙대학교 문예창작학과를 졸업한 뒤 기자, 방송작가, 학습지 편집자로 일했습니다. 전남일보 신춘문예에 뽑혀 동화작가가 되었고, 제24회 창비 '좋은 어린이책' 공모 대상, MBC창작동화대상, 푸른문학상을 받았습니다. 그동안 지은 책으로 《검피 살리기 대작전》, 《고양이 해결사 깜냥》, 《걱정 세탁소》, 《녹색아버지가 떴다》, 《떡볶이는 달다》, 《쫑이가 보내 준 행복》, 《다녀왔습니다》 등이 있습니다.

그림 김명선

꾸준하고 따뜻한 사람이 되려고 노력합니다. 글을 쓰면 그림이 그립고, 그림을 그리면 글이 그리워 둘 다 합니다. 쓴 책으로는 《평화가 전쟁보다 좋을 수밖에 없는 12가지 이유》, 《엄마랑 책 볼까?》 등이 있고, 그린 책으로는 《꼴찌, 전교 회장에 당선되다》, 《담벼락 신호》, 《용감한 겁쟁이 후후》 등이 있습니다.

**통일이 분단보다
좋을 수밖에 없는
12가지 이유**

홍민정 글 | 김명선 그림

1판 1쇄 2019년 3월 7일
1판 4쇄 2025년 4월 10일

펴낸이 모계영   **펴낸곳** 가치창조

출판등록 제406-2012-000041호
주소 경기도 고양시 일산동구 중앙로 1347 쌍용플래티넘 228호
전화 070-7733-3227   **팩스** 031-916-2375   **이메일** shwimbook@hanmail.net
ISBN 978-89-6301-169-1 77810

ⓒ 홍민정, 김명선

• 이 책의 저작권은 저자와 가치창조 출판그룹에 있습니다.
• 저작권법에 따라 무단전재 및 복제를 금합니다.

가치창조 공식 블로그 http://blog.naver.com/gachi2012
단비어린이는 가치창조 출판그룹의 어린이책 전문 브랜드입니다.

제조자명: 가치창조   제조국명: 대한민국   사용연령: 8세 이상
KC마크는 이 제품이 공통안전기준에 적합하였음을 의미합니다.

통일이 분단보다 좋을 수밖에 없는 12가지 이유

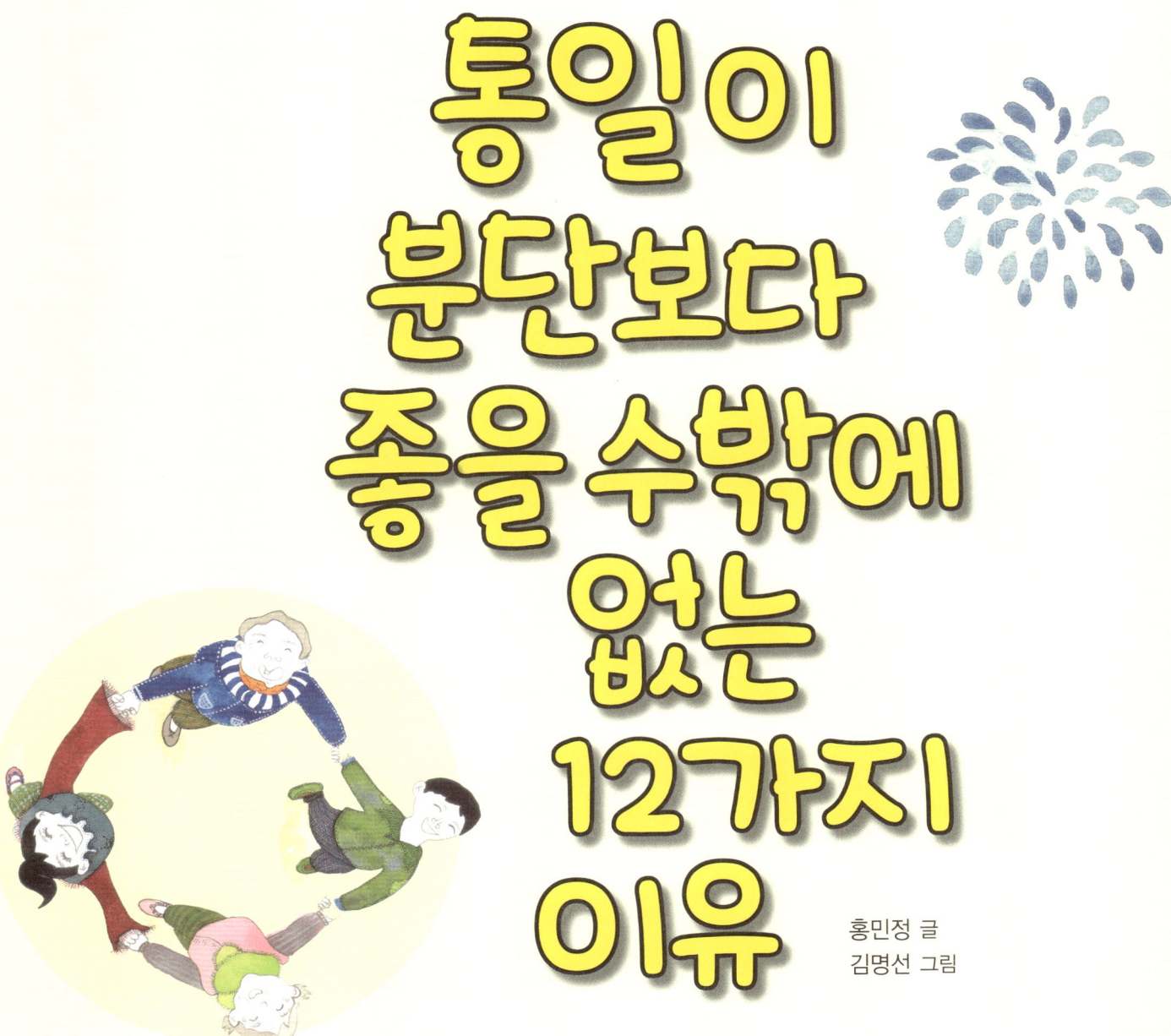

홍민정 글
김명선 그림

단비어린이

작가의 말

통일아! 지금부터, 천천히, 꼭 오렴

우리 겨레는 분단 이후 줄곧 한마음으로 노래했어.
'우리의 소원은 통일, 꿈에도 소원은 통일'이라고.
그래서일까?
통일은 언제까지나 '소원'일 것만 같은 느낌이 들어.
이루어지지는 않고 이루고 싶은 일이기만 할 것 같은 느낌 말이야.
그런데 먼 미래의 일처럼 느껴지던 통일이 갑자기 곧 닥칠 일처럼 느껴지기 시작했어.
2018년 평창 동계 올림픽 때 남북 단일팀이 만들어지더니, 북한 예술단이 서울에서 공연을 하고, 북한 정상이 군사 분계선을 넘어 판문점 남측 지역에서 우리 대통령과 만나지 뭐야.
그 모습을 보는데 '이러다가 정말, 어느 날 갑자기 훅 통일이 되면 어떻게 하지?' 그런 생각이 들었어. 그러면 좋지 뭘 그러냐고? 그건 그런데…….
우리 국민 중에는 '우리의 소원은 통일'이 아니라고 하는 사람도 있어.
그 사람들은 '우리'에서 자기는 빼 달래. 분단된 채로 사는 지금 이대로도 충분히 좋다면서.
맞아. 이대로도 괜찮을 수 있어. 하지만 통일된 뒤가 지금보다 더 좋다면?

통일 뒤에 더 살기 좋은 나라가 된다면 안 할 이유가 없지. 안 그래?

이 책은 머지않아 현실이 될 통일을 다 같이 준비하면 좋겠다는 생각으로 썼어.

왜 통일이 되어야 하는지, 통일이 되면 뭐가 좋은지, 지금 이대로도 괜찮다는데 정말 그런지 하나씩 짚어 주려고. 통일이 분단보다 좋은 이유를 알아야 모두의 마음을 모을 수 있고, 그때 비로소 온 겨레가 한마음으로 통일을 준비할 수 있을 테니까 말이야. 통일은 우리 모두가 한마음으로 바라고 준비하고 기다릴 때 천천히 와야 하거든.

사실 통일이 분단보다 좋은 이유는 만 가지도 넘어. 하지만 이 책에서는 딱 12가지만 소개할게. 이것만 알아도 절로 고개가 끄덕여질 테니까.

그런데 이러다가 정말 어느 날 갑자기 통일이 되면 어떻게 하냐고? 어쩔 수 없지 뭐.

두 팔 벌려 뜨겁게 끌어안는 수밖에.

"통일아, 반가워!" 하면서.

통일! 오늘부터 1일이 되기를

동화작가 홍민정

1 통일이 분단보다 좋을 수밖에 없는 이유
주변 나라의 눈치를 보지 않고 우리 스스로 결정할 수 있는 일이 많아져요

국가가 나라 안팎의 문제를 자기 뜻대로 자유롭게 결정할 수 있는 권리를 '자주권'이라고 해요. 우리가 36년 동안 일본의 지배 속에 살았던 것도 1910년에 강제 합병을 통해 자주권을 빼앗겼기 때문이에요. 자주권이 없으면 국제 사회에서 국가로 인정받지 못하기 때문에 우리의 의견을 마음껏 내세울 수 없어요. 세계의 운명을 결정하는 중요한 회의에 참석할 수 없고, 그 자리에서 우리에게 불리한 결정이 내려져도 보고만 있어야 하지요. 또, 우리 국민이 다른 나라에서 위협을 당하거나 위험에 빠져도 제대로 보호할 수 없어요.

지금까지 남한과 북한은 각각 친한 국가들과 동맹을 맺고 외교를 펼쳐 왔어요. 외교적으로 뜻이 맞는 국가와 가깝게 지내며 국제 사회에서 치열하게 다툼을 벌이기도 했고요. 그러다 보니 남한과 북한이 서로에게 상처를 주거나 손해를 입히는 일이 있어도 달리 해결할 방법이 없었어요. 가족으로 치면 다른 가족이 보는 앞에서 형제끼리 싸운 것과 마찬가지지요.

한편, 주변 나라들은 남북한의 경쟁과 긴장 구도를 이용해 경제적인 이득을 취했어요. 때로는 한쪽 편을 들며 이간질하거나, 일부러 긴장 분위기를 고조시키기도 했고요. 애초에 남과 북이 지금처럼 갈라선 배경에도, 우리 의견을 무시하고 남한과 북한에 각각 정부를 세운 강대국의 영향이 깔려 있어요. 통일이 되어 남북이 하나가 되면 우리 운명을 우리 스스로 결정할 수 있어요. 주변 나라의 눈치를 보는 것이 아니라, 당당하게 우리나라의 이익과 우리 국민의 행복을 위해 힘을 모을 수 있고요. 무엇보다, 다른 나라가 자국의 이익을 내세워 우리나라를 함부로 갈라 놓는 비극은 다시는 일어나지 않을 거예요.

2. 통일이 분단보다 좋을 수밖에 없는 이유
남한과 북한 국민이 더 행복하게 살 수 있어요

나라와 나라의 영역을 가르는 경계를 국경이라고 해요.

남한과 북한 사이에는 국경이 없어요.

원래 하나인 나라인데 잠시 둘로 나뉘어 있기 때문이에요. 대신 남한과 북한 사이에는 휴전선이 있어요. 1953년 7월 27일, 한국 전쟁에 참여한 국제 연합군 사령관과 북한군, 중국군의 사령관은 휴전 협정을 맺었어요. 전쟁을 잠시 중단하자는 뜻으로요.

남한과 북한은 지금도 전쟁 중이에요. 서로 총을 겨누고 싸우지는 않지만 언제라도 한쪽이 전쟁을 일으키기로 마음먹으면 전쟁이 벌어질 수 있는 불안한 상황이지요.

통일은 전쟁을 아주 끝내는 것이에요. 휴전이 아니라 종전, 나아가 평화로 가는 길이지요. 통일이 되면 전쟁에 대비할 필요가 없어져요. 전쟁이 일어날지도 모른다고 걱정하지 않아도 되고요. 나라가 안전하고 평화로워진다는 것은 곧 국민이 안전하고 평화롭게 살 수 있다는 뜻이에요. 통일 대한민국에 사는 국민은 더 행복하게 살 수 있어요.

세계 평화 지수

국제 관계를 연구하는 기관 중 하나인 경제 평화 연구소에서는 해마다 세계 평화 지수를 발표해요. 세계 평화 지수는 군사 분야에 돈을 얼마나 쓰는지, 무기는 얼마나 사고파는지, 전쟁으로 죽거나 다치는 사람은 얼마나 되는지, 테러 공격의 위험성은 얼마나 높은지 등을 따져서 숫자로 나타낸 것이에요. 2018년에 발표한 세계 평화 지수 순위는 남한이 163개 나라 가운데 49위, 북한이 150위였어요. 남한과 북한 사이에서만이 아니라 다른 나라와의 관계에서도 전쟁이 일어날 수 있어요. 하지만 휴전 상태에 있는 남한과 북한이 통일을 하면 전쟁 가능성은 줄어들고 평화가 찾아올 거예요. 당연히 세계 평화 지수도 올라갈 거고요.

세계 평화 지수 순위 (초록색에 가까울수록 평화로운 나라예요.)

1. 아이슬란드	11. 슬로베니아	21. 벨기에	31. 라트비아	41. 가나
2. 뉴질랜드	12. 스위스	22. 슬로바키아	32. 폴란드	42. 쿠웨이트
3. 오스트리아	13. 오스트레일리아	23. 네덜란드	33. 에스토니아	43. 나미비아
4. 포르투갈	14. 스웨덴	24. 루마니아	34. 타이완	44. 말라위
5. 덴마크	15. 핀란드	25. 말레이시아	35. 시에라리온	45. 아랍에미리트
6. 캐나다	16. 노르웨이	26. 불가리아	36. 리투아니아	46. 라오스
7. 체코	17. 독일	27. 크로아티아	37. 우루과이	46. 몽골
8. 싱가포르	17. 헝가리	28. 칠레	38. 이탈리아	48. 잠비아
9. 일본	19. 부탄	29. 보츠와나	38. 마다가스카르	49. 대한민국
10. 아일랜드	20. 모리셔스	30. 에스파냐	40. 코스타리카	50. 파나마

51. 탄자니아	74. 페루	96. 기니	120. 아르메니아	143. 베네수엘라
52. 알바니아	75. 에콰도르	98. 요르단	121. 미국	144. 말리
52. 세네갈	76. 감비아	98. 토고	122. 미얀마	145. 콜롬비아
54. 세르비아	77. 파라과이	100. 파푸아뉴기니	123. 케냐	146. 이스라엘
55. 인도네시아	78. 튀니지	101. 벨라루스	124. 짐바브웨	147. 레바논
56. 카타르	79. 그리스	102. 조지아	125. 남아프리카공화국	148. 나이지리아
57. 영국	80. 부르키나파소	103. 르완다	126. 콩고	149. 터키
58. 몬테네그로	81. 쿠바	104. 레소토	127. 모리타니	**150. 북한**
59. 동티모르	82. 가이아나	104. 우즈베키스탄	128. 니제르	151. 파키스탄
60. 베트남	83. 앙골라	106. 브라질	129. 사우디아라비아	152. 우크라이나
61. 프랑스	84. 네팔	107. 우간다	130. 바레인	153. 수단
62. 키프로스	84. 트리니다드토바고	108. 키르기스스탄	131. 이란	154. 러시아
63. 라이베리아	86. 모잠비크	109. 알제리	132. 아제르바이잔	155. 중앙아프리카공화국
64. 몰도바	87. 마케도니아	110. 코트디부아르	133. 카메룬	156. 콩고민주공화국
65. 적도기니	88. 아이티	111. 과테말라	134. 부룬디	157. 리비아
66. 아르헨티나	89. 보스니아헤르체고비나	112. 중국	135. 차드	158. 예맨
67. 스리랑카	90. 자메이카	113. 타이	136. 인도	159. 소말리아
68. 니카라과	91. 도미니카 공화국	114. 타지키스탄	137. 필리핀	160. 이라크
69. 베냉	92. 코소보	115. 지부티	138. 에리트레아	161. 남수단공화국
70. 카자흐스탄	93. 방글라데시	116. 엘살바도르	139. 에티오피아	162. 아프가니스탄
71. 모로코	94. 볼리비아	116. 기니비사우	140. 멕시코	163. 시리아
72. 스와질란드	95. 가봉	118. 온두라스	141. 팔레스타인	
73. 오만	96. 캄보디아	119. 투르크메니스탄	142. 이집트	

3. 통일이 분단보다 좋을 수밖에 없는 이유
분단으로 인한 비용이 사라지고 더 좋은 곳에 돈을 쓸 수 있어요

현재 남한과 북한은 분단 상태를 유지하느라 많은 돈을 쓰고 있어요. 우리나라는 휴전선 근처에 군인을 배치하고 미국 군대와 함께 군사 훈련을 해요. 전쟁에 대비해 무기도 새로 마련하고요. 남한과 북한은 나라의 질서를 유지하는 방식이 달라요. 서로 다른 이념을 추구하며 그 이념에 따라 국가를 유지하는 데도 돈이 들어요. 여기에 이산가족이 겪는 마음의 고통, 사회에 나가 일해야 할 젊은이가 군대에 감으로써 낭비되는 비용까지 모두 분단 비용에 해당해요.

통일이 되면 분단 비용을 줄여 다른 곳에 쓸 수 있어요. 나라를 지키는 데 필요한 최소한의 국방비만 쓰고 나머지는 교육, 복지 분야에 투자하는 거예요. 물론 통일을 하는 데도 돈이 필요해요. 법도 새로 만들고 선거도 치러야 해요. 남한에 비해 뒤처진 북한 경제를 일으키려면 철도, 도로, 공장, 주택 등도 새로 지어야 하고요. 하지만 통일 대한민국에는 남과 북이 따로 없기 때문에 북한에 지어진 모든 시설은 북한 주민을 위한 시설이 아니라 국민 모두가 함께 이용하는 시설이에요. 통일 비용에서 지금 부담하고 있는 분단 비용은 당연히 빼야 하고요. 우리 속담에 '구더기 무서워서 장 못 담글까.'라는 말이 있어요. '다소 방해되는 것이 있다 하더라도 마땅히 할 일은 하여야 함을 비유적으로 이르는 말'이에요. 누가 뭐래도 통일은 마땅히 할 일이에요.

통일이 되고 국방비를 교육, 복지에 쓴다면

현재 남한과 북한은 국방비에 많은 돈을 쓰고 있어요. 2019년 우리 정부의 국방비 예산은 46조 7000억 원이에요. 전체 예산 470조 5000억 원의 십 분의 일에 가까운 엄청난 금액이지요. 46조 원 가운데 10조 원을 교육과 복지에 쓴다면 우리나라의 모든 어린이가 유치원에서 대학교까지 무상으로 다닐 수 있어요. 또한 전 국민이 무상으로 의료 혜택을 받을 수 있지요. 북한의 국방비 예산은 정확히 알려지지는 않았지만, 북한은 국내 총생산 대비 가장 많은 국방비를 쓰는 나라르 알려져 있어요. 특히 군인 수는 약 128만 명으로 남한의 두 배가 넘지요. 통일이 되면 남한과 북한 모두 국방비를 크게 줄일 수 있어요. 독일의 경우 통일 뒤에 군인 수와 국방비를 모두 통일 전의 절반 정도로 줄였어요. 줄인 만큼의 돈을 필요한 곳에 더 쓸 수 있고요. 통일이 된 뒤 독일은 유럽에서 제일 안정적이고 부강한 나라가 되었어요.

남북 군사력 비교

(출처: 통일부 통일교육원_2018 북한 이해)

남한	병력(평시)	북한
63만여 명	계	128만여 명
49만여 명	육군	110만여 명
7만여 명	해군	6만여 명
6.5만여 명	공군	11만여 명
-	전략군	1만여 명

4 통일이 분단보다 좋을 수밖에 없는 이유
경제가 쌩쌩 잘 돌아가요

통일은 우리나라가 경제 대국으로 성장하는 발판을 마련해 주어요. 통일이 되면 남한의 자본과 기술력, 북한의 자원과 노동력이 합쳐져요. 부족한 자원을 수입하지 않아도 되고, 값싼 노동력을 찾아 해외로 나가지 않아도 돼요. 생산된 물건을 소비할 시장도 커져요. 물건을 많이 만들어 내고 만든 물건이 많이 소비되면 경제는 쌩쌩 돌아가요. 통일이 되면 경제가 더 어려워질 거라고 주장하는 사람이 있어요. 남한보다 뒤처진 북한 경제를 일으키기 위해 더 많은 세금을 내야 한다고 걱정하는 사람들도 있고요. 하지만 통일 뒤에 쓰는 돈은 지출이 아니라 투자예요. 투자를 통해 얻은 이익은 통일 대한민국 국민 모두에게 돌아가고요.

남한과 북한이 서로 남는 것과 부족한 것을 채워 균형을 이룰 수도 있어요. 남한에는 쌀과 고기가 많이 생산되어 남아돌아요. 정부는 쌀값이 터무니없이 싸지는 것을 막기 위해 농민에게 쌀을 사서 저장해요. 그러느라 또 돈이 들어가지요. 반대로 북한 지역에는 쌀을 비롯한 소비재가 턱없이 부족해요. 반면 북한에는 남한에서 나지 않는 지하자원이 풍부하지요. 통일이 되면 북한으로 쌀과 고기를 보내고, 외국에서 사들이던 지하자원을 북한에서 가져올 수 있어요. 남한 농민은 안정적으로 농사를 지을 수 있고, 북한 사람은 굶주림에서 벗어날 수 있지요.

5. 통일이 분단보다 좋을 수밖에 없는 이유
헤어진 가족을 만날 수 있어요

누구보다 간절하게 통일을 바라는 사람이 있어요.

바로 북한에 가족을 둔 이산가족이에요. 우리 정부는 그동안 이산가족 상봉을 위해 많은 노력을 기울였어요. 북한과 대화할 기회가 있으면 이산가족 상봉 문제를 먼저 다루었고요. 그러한 노력 덕분에 1985년 분단 이후 첫 이산가족 상봉을 가진 이래, 지금까지 20여 차례 상봉 행사를 마련했어요. 하지만 아직도 많은 이산가족이 북한 가족의 생사를 모른 채 살아가고 있어요. 그분들한테는 시간이 많지 않아요. 통일부 자료에 따르면, 1988년부터 2019년 1월까지 이산가족 상봉을 신청한 사람이 133,236명인데 그중 절반이 넘는 분들이 돌아가셨다고 해요. 살아 계신 분들 중 65퍼센트는 80세가 넘었고, 90세를 넘은 분도 24퍼센트나 돼요. 그러다 보니 어떤 분들은 상봉의 기회를 얻고도 몸이 아파서 포기하기도 해요. 그렇게 바라던 가족과 만나는 일을 불과 며칠 앞두고 돌아가시는 안타까운 분의 사연도 전해져요.

통일은 헤어진 가족과 만날 수 있는 가장 확실한 방법이에요. 순서를 기다리지 않아도 되고 정해진 장소에서 정해진 기간에만 만날 필요도 없어요. 잠깐 만나고 다시 헤어지는 아픔을 겪을 일도 없지요. 이산가족이 헤어진 가족과 만나야 한다는 것, 한 분이라도 더 살아 계실 때 가족과 만나게 해야 한다는 것, 이것만으로도 통일이 되어야 하는 이유는 충분해요.

이제 더는 이별은 없어!

6 통일이 분단보다 좋을 수밖에 없는 이유
막혀 있던 길이 뚫리면서 우리의 생각도 커져요

우리나라에서 외국으로 가려면 비행기나 배를 타야 해요. 열차를 타거나 자동차를 타고는 갈 수 없지요. 하늘길과 바닷길은 열려 있지만, 육로는 막혀 있기 때문이에요. 세계 지도를 보면 북한 땅은 중국, 러시아와 국경이 맞닿아 있는 것을 알 수 있어요. 남한과 북한 사이에 휴전선이 가로막고 있으니 남한에서 중국, 러시아로 가는 길도 막힌 것이지요. 통일이 되면 막힌 육로가 열려요. 동해선이 완전히 연결되면 부산에서 출발한 열차가 강릉을 지나 북한 땅을 거쳐 나진까지 단숨에 달릴 수 있어요. 서울에서 신의주를 잇는 경의선이 연결되면 열차를 타고 개성, 평양을 지나 신의주까지 갈 수 있고요. 그곳에서 다시 시베리아, 중국, 몽골을 가로지르는 열차를 타고 광활한 대륙을 달리는 가슴 뛰는 경험을 할 수 있지요. 자전거 여행, 걷기 여행도 할 수 있고요. 여행을 통해 보고 배우는 것이 많아지면 우리의 생각도 그만큼 커져요. 사람의 이동이 자유로워질 뿐만 아니라 화물 운송도 더 편리해져요. 다른 나라로 수출품을 보낼 때, 다른 나라에서 수입품을 들여올 때 육로를 이용하면 비용과 시간을 아낄 수 있어요.

서울-평양행 승차권

2018년 6월 3일. 돌아가신 문익환 목사 탄생 100주년을 맞아 '평양 가는 기차표를 다오.'라는 행사가 있었어요.

문익환 목사는 1989년 3월 북한에 가서 당시 북한의 최고 지도자였던 김일성 주석을 만났고, 이후 통일과 민주주의 운동에 힘쓴 분이에요.

이날 매표소에서는 서울에서 평양, 서울에서 런던, 강릉에서 베를린까지 가는 승차권을 나누어 주었어요. 진짜로 열차가 출발하는 것도 아니고 실제로 쓸 수 있는 승차권도 아니지만 많은 사람이 줄을 서서 승차권을 받았어요. 언젠가는 진짜 승차권을 구매해 평양, 런던, 베를린까지 열차를 타고 갈 수 있기를 바라면서요.

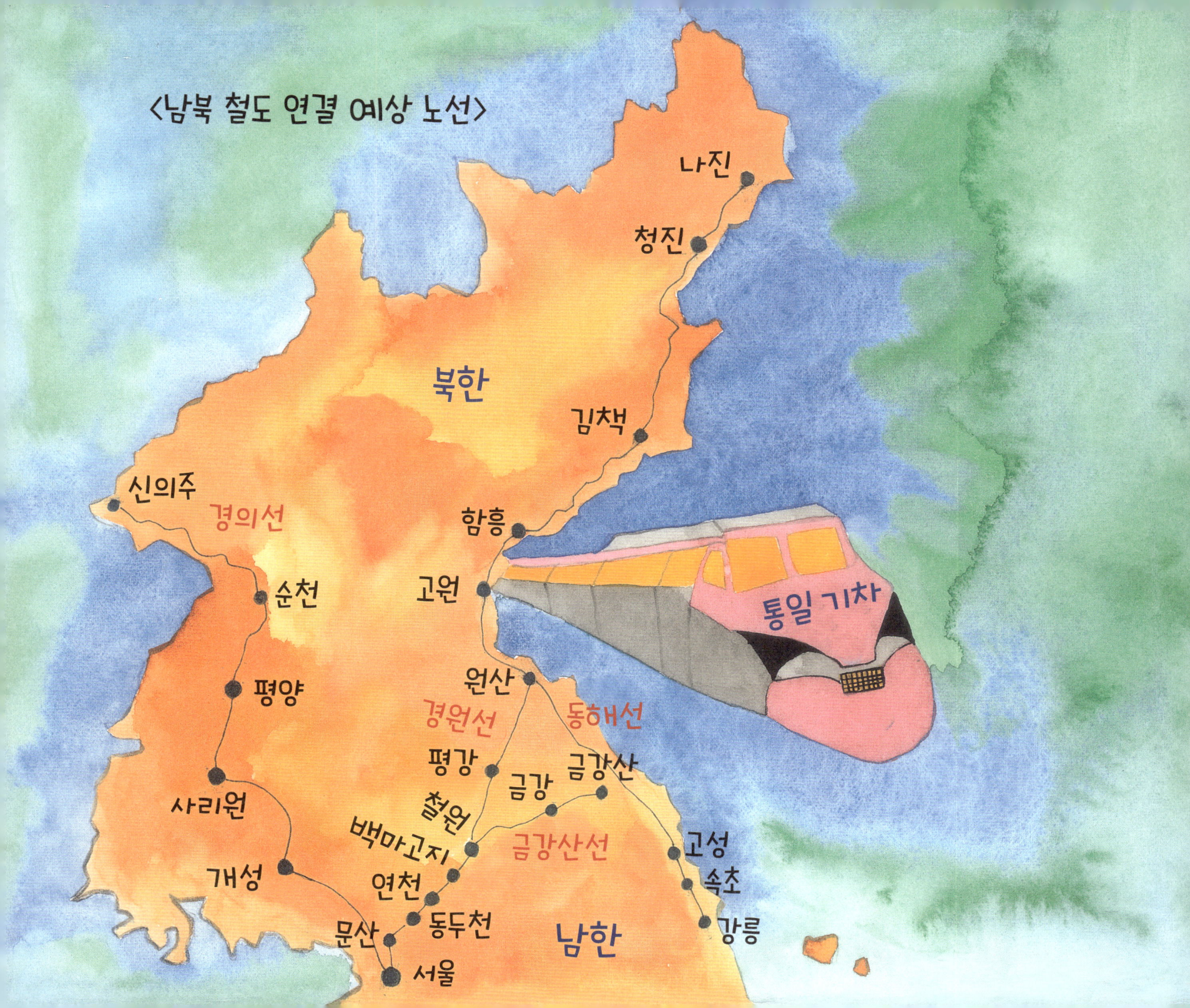

7 통일이 분단보다 좋을 수밖에 없는 이유
북한에 있는 유물과 유적을 직접 볼 수 있어요

북한의 수도 평양은 단군왕검이 고조선을 세운 곳으로 우리나라에서 가장 오랜 역사를 지닌 도시예요. 또 700년 동안 이어진 고구려 역사 중 240년 동안 수도였던 곳이 평양이에요. 고구려를 세운 주몽의 무덤인 동명왕릉을 비롯한 평양 주변의 옛 무덤들은 2004년 유네스코 세계 유산에 올랐어요.

평양, 남포에 이어 북한의 세 번째 도시로 꼽히는 개성은 500년 동안 고려의 수도였어요. 고려 궁터인 만월대를 비롯해 고려 태조 왕건의 무덤인 현릉, 공민왕릉, 고려 시대 최고의 교육 기관이었던 성균관, 고려 말 충신 정몽주의 혼이 어린 선죽교, 우리나라 3대 폭포로 꼽히는 박연폭포 등이 모두 개성에 있어요.

통일이 되면 교과서와 책에서만 보던 북한 유물과 유적을 눈으로 직접 볼 수 있어요. 그렇게 되면 분단으로 인한 지리적인 한계 때문에 부분적으로 연구가 부족했던 우리 역사를 선사 시대부터 현대까지 제대로 연구하고 배우는 기회가 생길 거예요. 북한 유적지에 발을 내딛는 순간, 우리 역사상 가장 넓은 영토를 차지했던 고구려의 기상과 그 기상을 이어받은 고려의 함성이 눈에 보이고 귀에 들리는 상상을 해 보세요. 벌써부터 가슴이 마구 뛰지 않나요?

8 통일이 분단보다 좋을 수밖에 없는 이유
세계에서 가장 잘 보존된 비무장 지대(DMZ)를 함께 가꾸고, 다양한 자연환경을 누릴 수 있어요

1953년 7월 27일 정전 협정을 맺을 당시, 남한과 북한은 군사 분계선을 기준으로 남북으로 각각 2킬로미터씩 군대를 후퇴시켰어요. 군사 시설도 없고, 군인도 없는 이곳을 비무장 지대라고 해요. 70년 넘게 사람의 발길이 닿지 않은 비무장 지대는 생태계가 그대로 남아 있는 귀한 곳이에요. 2016년 12월, 환경부와 국립생태원이 발간한 '비무장 지대 일원의 생물 다양성 종합 보고서'에 따르면 우리나라 전체 생물 종수 가운데 20퍼센트에 해당하는 4,800여 종이 비무장 지대에 서식하고 있다고 해요. 그중 멸종위기 야생 생물은 무려 41퍼센트나 되고요. 통일이 되면 비무장 지대의 생태계를 함께 가꾸고 보존할 수 있어요. 비무장 지대는 평화의 공원이 되고, 그곳에 서식하는 야생 생물은 평화의 상징이 될 거예요.
북한에는 우리나라에서 가장 높은 산인 백두산, 가장 긴 강인 압록강, 가장 높고 넓은 고원인 개마고원이 있어요. 애국가 1절 첫 소절에 나오는 백두산은 금강산, 묘향산, 구월산, 칠보산과 함께 북한의 5대 명산으로 꼽혀요. 백두산 천지에서 시작된 물은 압록강으로 흐르고 그 물은 다시 서해로 흘러 한강 물과 만나요. 문재인 대통령은 2018년 4월 27일 정상 회담 만찬장에서 백두산과 개마고원에 오르는 것이 소원이라고 말했어요. 우리 민족 누구에게나 그런 날이 오기를 기원한다고도 했고요. 통일이 되면 한반도가 품은 아름답고 신비로운 자연환경을 국민 모두가 함께 누릴 수 있어요.

9 통일이 분단보다 좋을 수밖에 없는 이유
국토가 넓어지고 인구가 많아져요

남한과 북한 선수가 국제 대회에 함께 입장할 때 드는 깃발이 있어요. 하얀색 바탕에 파란색 한반도 땅이 그려진 한반도 기예요. 통일 뒤에 모두가 함께 살아갈 온전한 우리 땅의 모습이지요. 현재 남한의 면적은 세계에서 110번째, 북한의 면적은 100번째예요. 통일이 되면 남한과 북한의 면적을 합해 세계에서 86번째로 넓은 나라가 될 거라고 해요. 북한에는 아직 사람의 손이 닿지 않은 땅이 많아요. 그 땅을 개발하면 바다나 호수를 메워 육지로 만드는 간척 사업을 하지 않고도 쓸 수 있는 땅이 많아져요. 눈에 보이는 땅만 넓어지는 것이 아니에요. 우리 땅이 막힘없이 유라시아 대륙과 연결되면 사람들의 활동 공간도 그만큼 넓어져요. 세계를 무대로 꿈을 펼칠 기회가 더 많아지고요. 인구도 늘어나지요. 2018년 7월 기준으로 남한 인구는 약 5,141만 명, 북한 인구는 약 2,538만 명이에요. 통일이 되면 인구가 7,600만 명을 넘어서면서 단번에 세계에서 20번째로 인구가 많은 나라가 돼요. 인구수만 늘어나는 것이 아니라 전체 인구 가운데 일할 수 있는 인구가 차지하는 비율도 올라가요. 이 말은 우리나라가 젊어진다는 뜻이에요. 넓은 땅에 일할 수 있는 국민이 많아지면 당연히 나라의 경쟁력도 높아지지요. 전 세계가 놀랍고 부러운 눈으로 통일 대한민국을 바라보는 모습, 상상이 되나요?

10 통일이 분단보다 좋을 수밖에 없는 이유
세대 사이의 갈등이 줄어들고 민주주의가 발전해요

분단은 사람들의 마음을 갈라놓았어요. 나이, 성별, 사는 곳, 태어나고 자란 환경 등에 따라 북한을 바라보는 태도나 통일에 대한 생각이 달라요. 특히 전쟁을 직접 겪은 세대와 전쟁 이후에 태어난 세대의 생각은 크게 다를 수밖에 없어요. 전쟁을 경험한 세대는 전쟁이 얼마나 무섭고 잔인한 일인지 알기 때문에 전쟁을 완전히 끝내야 한다고 생각해요. 반면 전쟁을 경험하지 않은 세대는 지금 이대로도 살아가는 데 별 문제가 없다고 생각하지요. 분단은 정치 문제로 그치는 것이 아니라 경제, 외교, 안보 등 여러 분야에 영향을 미쳐요. 분단을 바라보는 시각의 차이가 크면 클수록 국민 사이의 갈등도 커지는 거예요.

통일이 되면 가장 근본적인 갈등의 원인이 사라져요. 통일을 하느냐 마느냐로 다툴 일이 없어지기 때문에 모든 국민이 잘사는 나라를 만들기 위해 마음을 모으게 돼요. 그래서 통일은 '민주주의'를 더욱 발전시키는 '힘'이 될 수 있어요.

11 통일이 분단보다 좋을 수밖에 없는 이유
문화, 예술, 스포츠, 과학 등 다양한 분야가 더욱 발전해요

2018년 평창 동계올림픽에서 우리나라는 여자 하키 종목에 북한 선수들과 한 팀을 이루어 출전했어요. 같은 해에 열린 자카르타 팔렘방 아시안 게임에는 여자 농구와 카누, 조정 세 종목에 단일팀으로 출전해 금메달 1개, 은메달 1개, 동메달 2개를 땄고요. 통일 뒤 남북의 뛰어난 선수들이 세계 대회에 나가면 각종 국제 스포츠 대회에서 좋은 성적을 거둘 수 있어요. 북한은 2012년 런던 올림픽에 선수 56명이 11 종목에 출전해 종합 20위를 차지했어요. 영화, 드라마, 문학, 음악 등 문화 예술 분야도 풍성해질 거예요. 북한에 전해 오는 옛이야기를 소재로 애니메이션을 만들 수 있고 개마고원을 배경으로 판타지 영화를 찍을 수도 있어요. 관람석이 15만 석이나 되는 능라도 '5월 1일 경기장'에서 아이돌 가수가 콘서트를 하면 전 세계의 팬들이 기차를 타고 보러 올 거예요. 세계적인 수준을 자랑하는 평양 교예단의 공연은 연일 매진을 기록할지도 몰라요.

남한과 북한의 학자들이 고조선과 고구려의 역사를 함께 연구하고 문화재를 발굴하면 우리의 문화적 자산이 더욱 풍부해질 거예요. 통일은 문화, 예술, 스포츠 등 우리 삶과 관련된 모든 분야를 더욱 풍요롭게 만드는 일이에요.

통일이 되어 지금보다 많은 사람이 생각하고 교류하다 보면 모든 분야가 발전할 수 밖에 없어요.

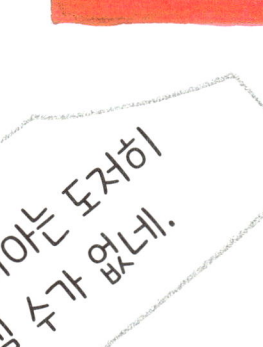

12 통일이 분단보다 좋을 수밖에 없는 이유
우리, 처음부터 하나였어요!

대통령이 다른 나라의 정상과 만나는 자리에는 두 정상 외에 두 사람이 꼭 함께해요. 바로 통역관이지요. 그런데 통역관 없이 오직 두 정상만 함께하는 정상 회담이 있어요. 바로 남북 정상 회담이에요. 두 정상이 모두 한국어를 쓰기 때문에 통역관이 필요 없어요. 전 세계에서 오직 남한과 북한만이 한국어를 공용어로 사용해요. 2018년 9월 남북 정상 회담 때 문재인 대통령은 평양 5월 1일 경기장에 모인 평양 시민들 앞에서 이렇게 말했어요.

"우리 민족은 함께 살아야 합니다. 우리는 5천 년을 함께 살고 70년을 헤어져 살았습니다."
우리는 원래 하나의 조국, 하나의 민족이었기 때문에 다시 하나가 되는 것이 당연해요. 통일이 되는 것이 이상한 것이 아니라 분단되어 있는 지금이 이상한 것이에요. 제2차 세계 대전 이후 같은 언어를 쓰고 같은 문화를 공유하는 같은 민족인데도 분단된 나라들이 있었어요. 독일, 베트남, 예멘, 우리나라예요. 이들 나라 중 우리나라를 제외한 세 나라는 통일이 되었어요. 이제 우리 차례예요. 남한과 북한의 통일은 우리만의 통일이 아니에요. 지구상에 하나 남은 분단국가가 사라지는 매우 중요하고도 엄청난 일이에요. 세계가 평화로 가는 일이고 세계가 함께 기뻐할 일이지요. 무엇보다 통일은 먼 미래가 아니라 다가올 현실이에요.

멀지만 가야 할 길, 통일

몇 년 전까지만 해도 통일은 아주 먼 미래의 일 같았어. 통일을 해야 한다는 것은 알지만 그 때가 언제일지, 정말 통일을 할 수 있을지 막막하게 생각했지.

북한에는 '천 리 길도 한 걸음씩 걸어서 가 닿는다.'는 속담이 있어. 아무리 큰일도 처음에는 작은 일부터 시작되며 그것이 쌓여서 큰 성과를 이루게 된다는 뜻이지. 그동안 남과 북은 통일을 향해 소중한 '한 걸음'을 내디뎠어. 이 걸음에 우리의 '한 걸음'이 더해진다면 통일에 더 빨리 가 닿을 수 있지 않을까?

1971년 8월 20일
이산가족 문제를 해결하기 위해 적십자 회담 파견원이 만나 대화를 나누었어.
분단 이후 남과 북이 처음으로 대화를 위해 마주 앉은 역사적인 순간이었지.
그 뒤 1972년 8월부터 1973년 7월까지 남북 적십자 회담 본회담이 일곱 차례 열렸어.

1972년 7월 4일
분단 이후 처음으로 남과 북의 뜻을 모은 합의문인 〈7·4 남북 공동 성명〉을 발표한 날이야.
이 합의문에는 통일의 3가지 원칙과 함께 상대방을 향한 지나친 비방을 멈출 것, 군사적인
충돌을 막기 위한 조처를 할 것, 서울과 평양 사이에 언제든지 직접 통화할 수 있는 전화를
설치할 것 등이 담겨 있어.

1985년 5월 27일
분단 이후 처음으로 이산가족 상봉에 합의한 제8차 남북 적십자 회담 본회담이 열렸어.
같은 해 9월 20일부터 23일까지 남측 35가족과 북측 30가족이 서울과 평양에서 가족을 만났어.

1990년 9월
분단 이후 첫 총리급 회담인 남북 고위급 회담이 열렸어.
이후 여덟 차례에 걸친 남북 고위급 회담을 통해 1992년 2월 〈남북 사이의 화해와
불가침 및 교류 협력에 관한 합의서(남북 기본 합의서)〉가 발효되었어.

2000년 6월 13일~15일

평양에서 분단 이후 최초로 역사적인 〈남북 정상 회담〉이 열렸어.
김대중 대통령과 김정일 국방위원장은 〈6·15 남북 공동 선언〉에 합의했어.
이 선언에는 이산가족 문제 해결과 경제 및 사회·문화 교류를 넓혀 가자는 내용이 담겼어.

2004년 6월

북한 땅인 경기도 개성시 봉돌리에 개성 공업 지구 시범 단지가 들어섰어.
5만 명이 넘는 북한 근로자를 고용했어.

2007년 10월 2일~4일

평양에서 남북 정상 회담이 열렸어. 노무현 대통령과 김정일 국방위원장은
〈남북 관계 발전과 평화 번영을 위한 선언(10·4 선언)〉을 채택했어.

2018년 4월 27일

남북 정상 회담이 판문점 남측 지역인 평화의 집에서 열렸어. 문재인 대통령과 김정은
국무위원장은 〈한반도의 평화와 번영, 통일을 위한 판문점 선언〉을 직접 발표했어.

2018년 5월 26일

남북 정상 회담이 판문점 공동 경비 구역 북측 구역 내에 있는 통일각에서 비밀리에 열렸어.

2018년 9월 18일~20일

남북 정상이 평양에서 만났고, 〈9·18 평양 공동 선언〉을 발표했어.

- 1971 남북 적십자 회담
- 1972 7·4 남북 공동 성명
- 1985 이산 가족 상봉
- 1990 남북 고위급 회담
- 1998 북에 소 보내기
- 2000 남북 정상 회담

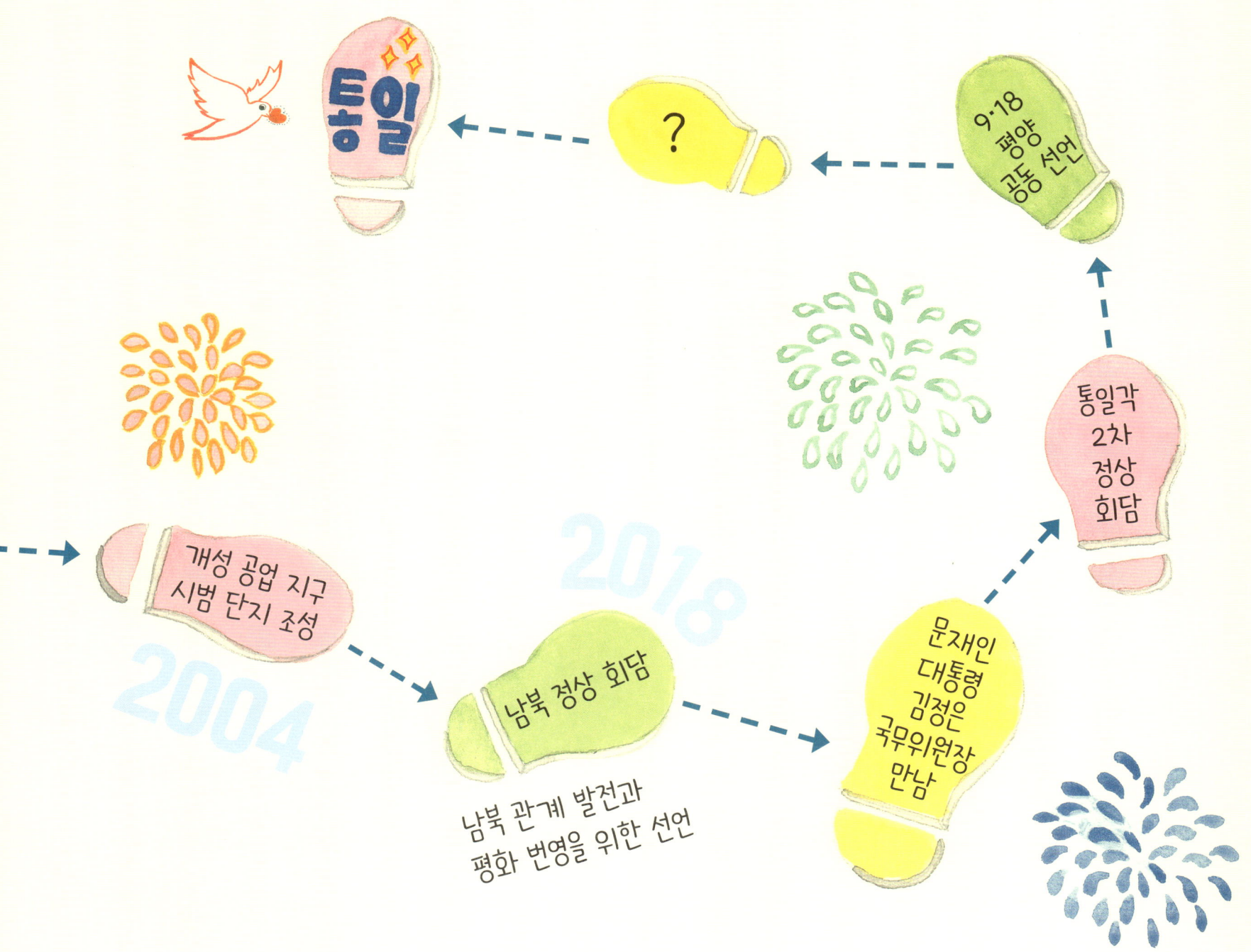